LA COPA MUNDIAL EN PRIMER PLANO

FÚTBOL MASCULINO EN EL ESCENARIO MÁS GRANDE

por Kurt Waldendorf

CAPSTONE PRESS
a capstone imprint

Publicado por Capstone Press, una impresión de Capstone
1710 Roe Crest Drive
North Mankato, Minnesota 56003
capstonepub.com

Publicado originalmente como *World Cup Close-Up: Men's Soccer on the Biggest Stage*, copyright 2026 de Capstone.

Los datos de catalogación previos a la publicación se encuentran disponibles en el sitio web de la Biblioteca del Congreso.

ISBN: 9798875295966 (tapa dura)
ISBN: 9798875295997 (tapa blanda)
ISBN: 9798875295928 (PDF libro electrónico)

Resumen: La Copa Mundial es un encuentro internacional de los mejores futbolistas del planeta. Los aficionados al fútbol pueden explorar un curso intensivo sobre este evento cumbre, desde sus inicios históricos hasta su futuro moderno, repleto de tecnología.

Créditos editoriales:
Editora: Heather DiLorenzo Williams; Diseñadora: Cynthia Della-Rovere; Investigadoras de medios: Courtney Rust, Catherine Guden

Créditos fotográficos:
Getty Images: Alex Grimm, portada (izquierda), Anthony Bibard/FEP/Icon Sport, portada (derecha), Ayman Aref/NurPhoto, 18, Catherine Ivill, 20, Clive Brunskill, 12, Harold Cunningham/FIFA, 29, Joris Verwijst/BSR Agency, portada (centro), Kenta Harada, 19, Keystone/Hulton Archive, 7, Laurence Griffiths, 5, Marcelo Endelli, portada (arriba), Matias Baglietto/NurPhoto, 17, Mike Hewitt/FIFA, 13, Mohammed Dabbous/Anadolu, 14-15, Noushad Thekkayil/NurPhoto, 27, PytyCzech/iStock, 16, Richard Sellers/Sportsphoto/Allstar, 23, Santiago Mazzarovich/Picture Alliance, 8, Simon Bruty/Anychance, 24; Newscom: Países Bajos vs. Gibraltar/ZUMAPRESS, 21; Shutterstock: Carlo Kaminski, 10–11

Elementos de diseño:
Shutterstock: Shutterstock: Arroyan Art, Dmitry Rukhlenko, Donglpix, madorf, Vector-3D

Printed and bound in China. 6459

CONTENIDO

Las palabras en **negrita** están en el glosario.

CAPÍTULO 1

EL ESCENARIO MÁS IMPORTANTE PARA EL JUEGO MÁS IMPORTANTE

La Copa Mundial es uno de los eventos deportivos más importantes del mundo. Cada cuatro años, millones de personas viajan para animar a sus **selecciones nacionales** masculinas favoritas en el torneo. Los países anfitriones suelen construir nuevos estadios exclusivamente para el evento. En 2022, alrededor de 5 mil millones de personas en todo el mundo sintonizaron los partidos por televisión o en línea.

El éxito del torneo se debe a muchas razones. Una de ellas es la popularidad del deporte. Alrededor de 240 millones de personas juegan al fútbol, y alrededor de 3,5 mil millones se consideran aficionados al fútbol, la mayor cantidad de cualquier deporte. Otra razón es la reputación de la Copa Mundial. Muchos países tienen campeonatos de fútbol. Pero solo los ganadores de la Copa Mundial pueden decir que son campeones mundiales del fútbol masculino.

Australia y Argentina disputaron el balón durante los octavos de final de la Copa Mundial de 2022. Millones de aficionados de todo el mundo viajaron a Catar para ver competir a sus equipos.

HISTORIA DE LA COPA MUNDIAL

La Copa Mundial no siempre ha sido tan importante. El evento es el resultado de más de 100 años de competición **internacional**.

Primeros eventos

La idea de un campeonato mundial se remonta a los inicios del fútbol. El deporte se popularizó en Inglaterra y Escocia. El primer partido internacional fue en el año 1872. Los países se enfrentaron para ver quién tenía el mejor equipo. Pronto, el fútbol se extendió a más países. Se necesitaba una competición más grande. Se formó un grupo llamado la Fédération Internationale de Football Association (FIFA). La FIFA supervisa las competiciones internacionales de fútbol.

La selección de Uruguay, que aparece en la foto, ganó la primera Copa Mundial en 1930.

En 1914, los Juegos Olímpicos se convirtieron en el campeonato mundial de fútbol masculino. Pero la FIFA no estaba satisfecha con el evento. Las reglas olímpicas impedían que algunos jugadores compitieran. Así que el presidente de la FIFA, Jules Rimet, inició un nuevo evento. La primera Copa Mundial se fijó para 1930.

El Estadio Centenario se inauguró en 1930 para la primera Copa Mundial. En honor a la historia del estadio, los organizadores de la Copa Mundial anunciaron que albergaría el partido inaugural del torneo de 2030.

La primera Copa Mundial

Para que la Copa Mundial perdurara, necesitaba empezar con buen pie. La FIFA eligió a Uruguay como sede. El fútbol era popular en Sudamérica. Uruguay también había acordado construir un estadio para el evento.

Pero el torneo enfrentó desafíos. El viaje desde Europa tardó más de dos semanas. El barco que transportaba al equipo egipcio quedó atrapado en una tormenta. El equipo tuvo que regresar. Al final, solo 13 equipos lograron el viaje. Aun así, el evento fue un éxito. Más de 90.000 aficionados vieron el enfrentamiento entre Uruguay y Argentina en la final.

DATO CURIOSO

El nuevo estadio de Uruguay se llamó Estadio Centenario. El nombre hacía referencia a los 100 años de la **independencia** del país. Casi 100 años después, el edificio sigue siendo la sede de la selección nacional de Uruguay.

Un torneo en expansión

El fútbol siguió creciendo en la segunda mitad del siglo. En 1954, unos 40 países contaban con selecciones nacionales masculinas. Para 1998, la cifra había ascendido a 174. La Copa Mundial también creció. En el torneo de 1998, los participantes llegaron a la impresionante cifra de 32 equipos.

La FIFA llevó la Copa Mundial a más lugares. México albergó el primer torneo en Norteamérica en 1970. En 2002, Japón y Corea del Sur albergaron la primera Copa Mundial en Asia. Y en 2010, Sudáfrica se convirtió en el primer país anfitrión de África.

Encontrando el formato ideal

La FIFA también probó diferentes formatos para el evento. En 1958, encontraron uno que ha perdurado. Los 16 equipos se dividieron en grupos de cuatro. Durante la **fase de grupos**, cada equipo jugó contra los otros tres del grupo. Los dos primeros avanzaron a la siguiente ronda. A los aficionados les encantó el formato. Cada equipo tenía asegurado poder jugar al menos tres partidos.

Los aficionados sudafricanos se preparan para ver el primer partido de la Copa Mundial de 2010. El torneo se disputó en 10 estadios diferentes en Sudáfrica.

CAPÍTULO 3

LA COPA MUNDIAL HOY EN DÍA

La Copa Mundial es ahora más competitiva que nunca. Para tener éxito, los países, equipos y jugadores pasan años preparándose.

Eligiendo un anfitrión

Ser anfitrión de la Copa Mundial es un gran honor. El país anfitrión puede presumir de sus ciudades y cultura. El evento atrae a muchos visitantes que contribuyen a la economía del país. Ser anfitrión también le otorga a la selección nacional una plaza automática en el torneo.

Los aficionados argentinos esperan con entusiasmo la final de la Copa Mundial de 2022 en las afueras del Estadio Lusail de Catar.

La FIFA anuncia a Canadá, México y Estados Unidos como anfitriones de la Copa Mundial de 2026.

El anfitrión se elige hasta 10 años antes del evento. Los países presentan **candidaturas** con sus planes. En 2018, Canadá, México y Estados Unidos presentaron una candidatura conjunta. Los tres países fueron elegidos para albergar el torneo de 2026. Fue la primera vez que tres naciones fueron elegidas como anfitrionas.

Preparando el escenario

Una vez que se elige la sede, comienza el trabajo. Puede ser que los países necesiten mejorar sus estadios. O puede ser que necesiten construir estadios completamente nuevos. Los anfitriones también construyen alojamientos para los visitantes. Crean vías para que la gente llegue a los estadios. La Copa Mundial de 2022 fue la más costosa de la historia. Catar invirtió 220 mil millones de dólares en el evento.

Realizar el evento con la participación de varios lugares puede reducir el costo. Se eligieron dieciséis ciudades diferentes para albergar la Copa Mundial de 2026. No se planearon nuevos estadios.

Estadio 974

Catar construyó siete nuevos estadios para la Copa Mundial de 2022. Entre ellos, el Estadio 974 fue único. Fue diseñado para ser desmontado después del evento. El estadio se construyó utilizando 974 contenedores de transporte. Esto permite su deconstrucción y envío para futuros eventos.

El Estadio 974 albergó siete partidos durante la Copa Mundial de 2022 en Catar.

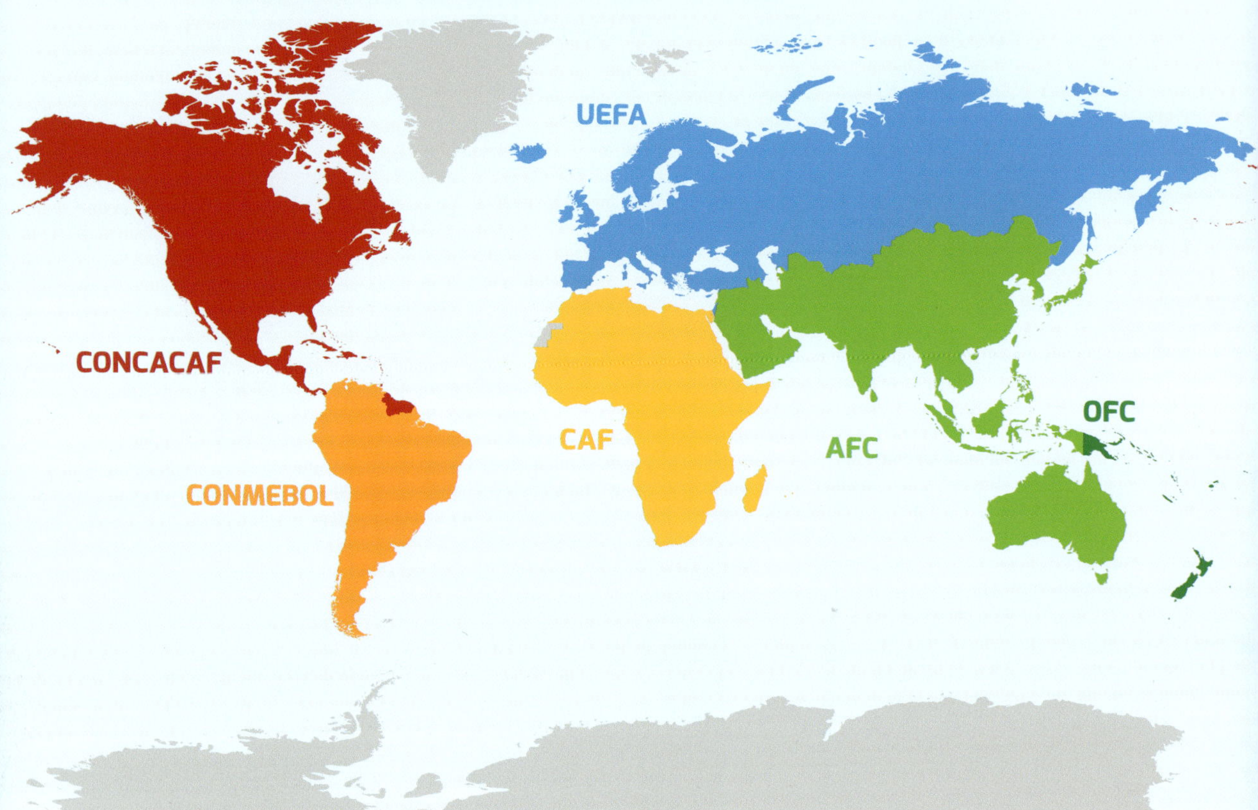

Clasificando

Para los equipos, la preparación para la Copa Mundial comienza con la **clasificación**. La FIFA divide en regiones a todas las selecciones nacionales. Los equipos de cada región compiten entre sí en los años previos a la Copa Mundial. Los mejores equipos de cada región obtienen plazas en el torneo.

Para la Copa Mundial de 2026, la FIFA amplió el torneo a 48 equipos. Pero la competencia fue dura, con más de 200 naciones intentando asegurarse un lugar.

Al clasificarse, un equipo juega partidos amistosos. Estos partidos no cuentan para el torneo. Pero no son solo por diversión tampoco. Los entrenadores aprovechan los partidos para probar diferentes alineaciones, estrategias y jugadores.

La leyenda del fútbol argentino, Lionel Messi (derecha), compite contra Perú en un partido de clasificación para la Copa Mundial de 2024.

Brasil celebra su victoria sobre la República de Corea en octavos de final de la Copa Mundial de 2022. Brasil es el único país que se ha clasificado para todas las Copas Mundiales desde su inicio.

Japón celebra su victoria sobre Baréin en 2025. Esta victoria clasificó a Japón para la Copa Mundial de 2026.

Preparación de los jugadores

Algunos jugadores participan en varias Copas Mundiales. Pero muchos solo tienen la oportunidad una vez. Los jugadores pasan años entrenando para competir al más alto nivel. Trabajan para mejorar su velocidad, fuerza y resistencia. También entrenan su mente, aprendiendo a manejar las presiones de la alta competición.

Llegar a formar parte de una selección nacional es solo el primer paso. Durante la clasificación, cada jugador compite por un puesto en la **lista** final. Las listas finales se establecen una semana antes de la Copa Mundial. Solo los 23 mejores jugadores de cada nación van.

Los equipos llegan temprano al país anfitrión. Se ajustan a la zona horaria, al clima y a la **altitud**. Luego se preparan para enfrentarse a los mejores del mundo.

CAPÍTULO 4

CORONANDO A UN CAMPEÓN

Cuando comienza el torneo, los jugadores ponen a prueba su entrenamiento. Las selecciones nacionales se enfrentan en partidos. Tras más de 100 partidos, se corona al campeón mundial.

Juego limpio

Los jugadores no son los únicos que necesitan estar en su mejor momento en la Copa Mundial. Los árbitros deben estar en buena forma física y conocer bien las reglas del fútbol. Cada penalti, fuera de juego y fuera de banda puede marcar una gran diferencia. Solo los mejores árbitros son seleccionados para el evento.

Las pantallas del estadio permiten a los aficionados saber qué jugadas se están revisando.

El VAR se utilizó para revisar 335 decisiones durante la fase de grupos de la Copa Mundial de 2018, incluyendo faltas, fueras de juego y goles.

La tecnología también juega un papel. En 2018, se introdujo el Árbitro Asistente de Vídeo (VAR, por sus siglas en inglés). Este árbitro fuera del campo utiliza cámaras para revisar las jugadas clave.

Luego, en 2022, se añadió un balón de fútbol de alta tecnología. Un sensor rastrea la ubicación exacta del balón. Los árbitros en el campo utilizan los datos del balón y la repetición de video para tomar las decisiones correctas en los momentos más importantes.

Un grupo selecto

Los equipos que superan la fase de grupos pasan a las fases eliminatorias. Cualquier derrota en estas rondas pone fin a la posibilidad de un equipo de obtener un título. Después de estas rondas, los dos últimos equipos en pie se enfrentan en la final.

La final se celebra el último día del evento. El país ganador se lleva a casa el trofeo de la Copa Mundial de la FIFA y un premio en dinero. Los jugadores de los equipos en el primer, segundo y tercer lugar también reciben una medalla.

Seguimiento del progreso

Para rendir al máximo, los jugadores necesitan cuidar su cuerpo. La aplicación FIFA Player se presentó en el torneo de 2022. La aplicación mide la velocidad y la distancia que recorren los jugadores en el campo. Un jugador corrió más de 10 millas (16 kilómetros) en un partido en 2022. La información de la aplicación ayuda a los jugadores a mantenerse en su mejor nivel durante todo el evento.

Antes de la Copa Mundial de 2026, solo ocho países habían ganado el trofeo. Brasil tenía la mayor cantidad de títulos con cinco. Alemania e Italia tenían cuatro cada uno. Argentina tenía tres. Francia y Uruguay tenían dos cada uno. Y Inglaterra y España tenían uno cada una.

Aunque otros países han llegado a lo más alto del ranking de la FIFA, Brasil es considerado uno de los equipos de fútbol más exitosos de todos los tiempos.

Lionel Messi, Emi Martínez y Kylian Mbappé aceptan sus premios individuales en la Copa Mundial de 2022.

Premios individuales

Jugar en la Copa Mundial es un esfuerzo de equipo. El objetivo de cada jugador es levantar el trofeo para su país. Aun así, la FIFA premia a los jugadores con las mejores actuaciones individuales.

El Balón de Oro se otorga al mejor jugador del evento. Lionel Messi de Argentina es el único que ha ganado el premio más de una vez. Lo ganó en 2014 y 2022. La Bota de Oro se otorga al máximo goleador. El Guante de Oro se otorga al mejor portero. Kylian Mbappé de Francia ganó la Bota de Oro en 2022. Emi Martínez de Argentina ganó el Guante de Oro en 2022.

DATO CURIOSO

Son pocos los jugadores que ganan en la Copa Mundial. Aún menos ganan como entrenadores. Solo tres hombres han ganado en ambos roles: Mário Zagallo de Brasil, Franz Beckenbauer de Alemania y Didier Deschamps de Francia.

CAPÍTULO 5

UN FUTURO DORADO

La Copa Mundial ha cambiado mucho desde su primera edición en 1930. El evento seguirá cambiando en el futuro.

Más grande y mejor

El fútbol masculino continúa creciendo. Países grandes como Estados Unidos, India y China han tardado en adoptar el deporte. Pero la cantidad de personas que juegan y ven fútbol en cada país está aumentando. Los organizadores de la Copa Mundial de 2026 programaron partidos en 11 ciudades estadounidenses. Los organizadores esperaban que el gran evento atrajera aún más atención al fútbol en el país. El deporte también continúa creciendo en países como Japón, Indonesia y Chile. Como resultado, es posible que los aficionados vayan a ver a diferentes equipos compitiendo en futuras finales de la Copa Mundial.

Lucas Mendes (derecha), de Catar, disputa el balón con Joel Kojo, de Kirguistán, durante un partido de clasificación para la Copa Mundial. La clasificación para la Copa Mundial de 2026 comenzó en 2023.

Una celebración de 100 años

Como lo hizo para la Copa Mundial de 2026, la FIFA eligió a más de un país para albergar el evento de 2030. España, Portugal y Marruecos fueron elegidos como anfitriones.

La FIFA también agregó algo especial para celebrar el centenario de la Copa Mundial. Se planearon partidos en Argentina, Paraguay y Uruguay. Se programó un partido especial en el Estadio Centenario, el mismo estadio donde se jugó la final de 1930. En total, se eligieron 23 estadios en seis países para albergar partidos. El plan fue una celebración digna de un juego mundial.

DATO CURIOSO

En 2024, la FIFA anunció que Arabia Saudí albergaría la Copa Mundial de 2034. Sería la segunda vez que Oriente Medio fuera sede en tan solo 12 años. Debido a que muchos países se comprometieron a participar en los Juegos de 2030, Arabia Saudita fue la única nación que presentó su candidatura.

El presidente de la FIFA, Gianni Infantino, anuncia la sede de la Copa Mundial de 2030 en un evento de la FIFA en 2024.

GLOSARIO

altitud (al-ti-TUD): la altura de un lugar sobre el nivel del mar

candidaturas (can-di-da-TU-ras): para la Copa Mundial, las ofertas de los países para albergar el torneo

clasificación (cla-si-fi-ca-CIÓN): una serie de partidos para determinar qué equipos jugarán en la Copa Mundial, o el acto de ganar suficientes partidos para obtener un lugar en el torneo

equipos nacionales (e-QUI-pos na-cio-NA-les): equipos deportivos que representan a sus países

fase de grupos (FA-se DE GRU-pos): la parte de un torneo en la que los equipos juegan varios partidos contra un grupo reducido de competidores

independencia (in-de-pen-DEN-cia): libertad del dominio de otro país

internacional (in-ter-na-cio-NAL): que incluye más de una nación

lista (LIS-ta): una relación de los jugadores de un equipo

SOBRE EL AUTOR

Kurt Waldendorf es el autor de más de una docena de libros para niños. Cuando no está escribiendo ni editando, disfruta de la escalada en roca bajo techo y de correr por la orilla del lago Michigan con su perro. Vive en Chicago.

ÍNDICE